UNSER BIER

Servus

Das kleine Buch

Jakob M. Berninger

UNSER BIER

Alles, was Genießer
wissen müssen

Inhalt

Vorwort

Von strohgelb bis nachtschwarz, auf perfekte sieben Grad temperiert, mit fester Schaumkrone, frischem Geschmack und herber Note – und dabei aus gerade einmal vier Zutaten gemacht, Fachwissen, Erfahrung und Liebe zum Detail nicht mitgerechnet.

Bier ist eine besondere Spezialität, die ihrem Status als bloßer Durstlöscher längst entwachsen ist. Es gibt heute weltweit Tausende verschiedene Biersorten, die sich in Geschmack, Farbe und Alkoholgehalt zum Teil ganz wesentlich voneinander unterscheiden, abhängig von Rohstoffen und Herstellung. Bier ist also bei Weitem nicht gleich Bier. Gemeinsam haben sie aber eine ungebrochen breite und leidenschaftliche Anhängerschaft.

Die Liebe zum Bier, scheint's, ist dem Menschen eingeschrieben. Und tatsächlich sind die Geschichte der Menschen und die des Bieres eng miteinander verknüpft: Nur kurze Zeit, nachdem die ersten Menschen sesshaft wurden und begannen, Ackerbau zu betreiben, sollte – vermutlich durch einen Zufall – auch das Bier geboren werden. Der

Weg zum komplex-aromatischen Hochgenuss war ein langer und bewegter, und es lohnt sich, hinter die Kulissen zu schauen.
Was das Bier zum Bier macht, welche Grundlagen es braucht und was man auch als Bierexperte noch lernen kann, erfahren Sie in diesem kleinen Buch.

Wohl bekomm's!

Wie der Mensch aufs Bier kam

Eine kurze Geschichte vom Bier

Bier, das kann man mit Sicherheit sagen, ist alt. Wie alt genau, kommt darauf an, wen man fragt. Viele Theorien und Mythen ranken sich um die Erfindung des Bieres. Am plausibelsten scheint, wie in so vielen Fällen, dass der Zufall seine Hand im Spiel hatte und dem Menschen so sein Lieblingsgetränk bescherte.

Alles begann vor rund 6000 Jahren im mesopotamischen Raum mit einem Gefäß mit Getreidebrei. Dieser könnte zum direkten Verzehr zubereitet worden sein oder sollte zu Brot weiterverarbeitet werden. Sicher scheint jedoch, dass das Gemisch für einige Tage unbeachtet blieb und damit die Geburtsstunde des Bieres einleitete. Denn in dem Gefäß begann Hefe, die wahrscheinlich vom Wind hereingetragen worden war, zu gären, es entstand also Alkohol. Als der Brei schließlich verzehrt wurde, dürfte er dem Esser oder der Esserin nicht nur gemundet haben, er oder sie nahm wohl auch eine berauschende Wirkung wahr. Damit war der Grund-

stein gelegt und die Urform des Bieres hatte den Speiseplan unserer Vorfahren erobert. Bier wurde zunächst also in halbfester Form konsumiert – als vergorener Getreidebrei. Mit der Zeit wurde diesem immer mehr Flüssigkeit beigemischt, bis man ihn schließlich trinken konnte. Herausgefunden hat man das durch Analysen von Gefäßen aus der Zeit um etwa 4000 vor Christus – diese enthielten Reste eines vergorenen Getränks aus Getreide.

Die ersten tatsächlichen Belege für den Genuss von Bier sind rund 1000 Jahre jünger – es gibt Abbildungen aus der Zeit um 3000 vor Christus, die Sumerer beim Biertrinken zeigen. Rund 500 Jahre jüngere Chroniken aus Ägypten belegen, dass den am Bau der Pyramiden beteiligten Arbeitern nach getaner Arbeit ein Belohnungsbier in Aussicht gestellt wurde. Und auch die Babylonier tranken nachweislich Bier. Sogar in ihrem Gilgamesch-Epos – einem der ältesten erhaltenen literarischen Werke – spielt Bier eine Rolle, aus der Zeit der Babylonier stammen auch die ältesten bekannten Bierrezepte. So kennt man heute rund 20 verschiedene Biersorten, die von den babylonischen Frauen zubereitet wurden. Denn so wie Brotbacken war Bierbrauen lange Zeit Frauensache.

Bis das Bier schließlich ins heutige Europa schwappte, dauerte es noch eine Weile – der älteste Nachweis von Bierkon-

sum im deutschsprachigen Raum stammt aus der Zeit um etwa 800 vor Christus. Auch in diesem Fall fand man bei Ausgrabungen an historischen Stätten Gefäße, die einst von den Germanen zur Aufbewahrung und zum Genuss von Bier benutzt wurden.
Im südlichen Teil Europas war lange Zeit ein anderes Liebhabergetränk verbreitet – im Römischen Reich trank, wer etwas auf sich hielt, Wein. Bier setzte sich hier nur langsam durch, in den meisten Chroniken und Schriften findet es wenig Erwähnung, da es als Getränk der Armen galt, angeblich servierte aber auch Julius Cäsar seinen Gästen mitunter Bier. Im antiken Griechenland war man ebenfalls eher dem Wein zugetan, Bier war auch hier das Getränk der Armen, bekannt und geschätzt war es unter Herrschern lediglich als Medizin gegen Schlaflosigkeit. Im europäischen Norden dagegen war Bier schon damals sehr beliebt – die Kelten waren berüchtigt für ihren Bierkonsum, sie schätzten den hohen Nährwert und die vergleichsweise einfache Zubereitung des Getränks.

Mit dem Mittelalter kam schließlich auch die erste Blütezeit von Bier, zunächst handelte es sich beim Brauen um eine fast ausschließlich himmlische Angelegenheit, die hinter Klostermauern stattfand. Eine der ersten namentlich erwähnten Brauereien befand sich in einem Kloster im

schweizerischen St. Gallen, hier wurde bereits um etwa 800 nach Christus Bier gebraut. In Deutschland zählt die Klosterbrauerei Weihenstephan zu den ersten belegten Produzenten.

In den Klöstern war bald ein regelrechter Bier-Hype entbrannt. Hopfengärten wurden angelegt, man experimentierte mit Zusätzen, Alkoholgehalt und Mischbieren. Einer der Gründe für die aufopfernde Beschäftigung der Männer Gottes mit dem Hopfentrunk ist schnell erklärt: Flüssigkeiten waren vom Fasten ausgenommen, somit zählte Bier zu den wenigen kulinarischen Freuden, die auch in der strengen Fastenzeit erlaubt waren. Und die Mönche hatten augenscheinlich Durst, in verschiedenen Klosterchroniken ist die tägliche Bierration belegt, meist waren es etwa fünf Liter pro Person, das sind nach heute geläufigen Maßeinheiten immerhin zehn Flaschen Bier. Am Tag.

Die Mönche merkten schnell, dass ihr Gebräu auch Besuchern Freude und ihnen selbst eine Einkommensquelle bereiten konnte und begannen, Bier an Pilger und vorbeikommende Wanderer zu verkaufen, viele Klöster gelangten auf diesem Weg zu nicht unerheblichem Wohlstand.

Doch auch findige Geschäftsleute aus weltlichem Umfeld erkannten das Potenzial des beliebten Getränks, die Zahl städtischer, privat geführter Brauereien wuchs stetig. Die Gaststätten konnten aber im Hinblick auf die Qualität des ausgeschenkten Bieres zumeist nicht mit ihren geistlichen Konkurrenten mithalten, obwohl sie sich redlich um immer neue Rezepte und Kreationen bemühten. Von den Landesfürsten wurde Bier schließlich mit hohen Steuern belegt, vielen Klosterbrauereien verbot man gleichzeitig die Ausschank von Bier, um das Geschäft in den städtischen Brauereien anzukurbeln.

Mit der industriellen Revolution wurde schließlich auch das Bierbrauen nachhaltig verändert. Zum einen war es durch den Bau der ersten Eisenbahnen nun möglich, Rohstoffe und das fertige Produkt schneller und in größeren Mengen von A nach B zu liefern. Zum anderen wurde man des zu diesem Zeitpunkt größten Problems der Bierherstellung Herr – der erforderlichen Kühlung. Weil die Art der Gärung von der Temperatur abhängig und Bier besonders bei Wärme leicht verderblich ist, konnte bis ins frühe 19. Jahrhundert nur in der kalten Jahreszeit unter Zuhilfenahme von Eisblöcken gebraut werden, gelagert wurde das Bier in Kellern. Mit der Erfindung der Kältemaschine Mitte des 19. Jahrhunderts war das Brauen und Lagern von Bier nun ganzjährig möglich. Dann übernahmen die Naturwissenschaften: Besonders die für die Gärung entscheidenden Mikroorganismen wurden untersucht, neue Methoden für Filtration und Pasteurisierung steigerten Qualität und Haltbarkeit.

Heute sind große Brauereien mit allen Feinheiten der Technik ausgestattet, am Brauvorgang an sich hat sich aber seit dem Mittelalter nicht viel geändert.
Und der Rest ist, wie man so schön sagt, Geschichte.

Hopfen und Malz ... Wie Bier hergestellt wird

Die Rohstoffe

Hopfen, Malz, Hefe und Wasser – es sind nur vier Dinge, die ein Bier zum Bier machen. Eigentlich ganz einfach, doch das perfekte Bier hängt nicht nur vom Wissen des Braumeisters, sondern vor allem von der Qualität der Rohstoffe ab. Und diese vier haben es in sich ...

Malz

Die Basis jedes Bieres ist das Getreide. In erster Linie kommt Gerste zum Einsatz, bereits zur Zeit der Babylonier wurde Bier aber auch aus Mischungen unterschiedlicher Getreidearten gebraut, dabei wurden zum Beispiel Emmer, Weizen und Roggen verarbeitet. Auch heute noch wird, vor allem im Bereich der Craft-Biere, mit verschiedenen Getreidesorten experimentiert, in den klassischen Bieren ist aber Gerstenmalz die wichtigste Zutat. Dass sich die Gerste durchgesetzt hat, hat einen einfachen Grund: Sie ist reich an Stärke, mild im Aroma und genügsam im Anbau. Verar-

beitet wird hauptsächlich die zweizeilige Sommergerste, weil sie besonders kräftige Körner bildet. Zu Malz verarbeitet, gibt die Gerste dem Bier Farbe, Körper und letztendlich auch den Gärungsalkohol.

Entscheidend ist, wie stark das Malz gedarrt, also getrocknet wird. Jede Brauerei hat ihre eigenen, natürlich streng geheimen Rezepte für die Zusammensetzung der verwendeten Malze. Röstmalze etwa werden nach dem Trocknen auch noch geröstet, sorgen dadurch für eine dunkle Farbe und geben dem Bier Noten von Karamell, Schokolade oder Kaffee. In klassischen Biersorten wie Pils oder Märzen dagegen kommt helles Malz zum Einsatz. Es gibt dem Bier die hell-goldene Farbe und eine milde Würze.

Hopfen

Der Hopfen (lat. Homulus Lupulus) ist ein kleines Wunderwerk der Natur. Denn nicht nur über der Erde erreichen die Pflanzen, die zur Familie der Cannabisgewächse gehören, beeindruckende Höhen, auch die Wurzeln wachsen kräftig und tief in den Boden. Für das Bierbrauen sind die Dolden der weiblichen Pflanze entscheidend. Wurden sie früher noch von Hand geerntet, hilft man sich heutzutage mit Erntemaschinen, die die ganzen Pflanzen knapp über dem Boden abschneiden und die Dolden abrebeln. Aus Qualitätsgründen wird beim Brauen nur noch sehr selten mit ganzen

Hopfendolden gearbeitet, verbreiteter ist die Verwendung von Pellets. Dazu werden die Dolden gleich nach der Ernte getrocknet, tief gekühlt zu Pulver vermahlen und zu Pellets gepresst. So lässt sich der Hopfen leichter lagern und gleichmässiger verarbeiten.

Obwohl der Hopfenanteil in Bier verhältnismäßig gering ist, gibt er dem Bier seit dem Mittelalter seine Seele: den kräftigen, bitteren Geschmack. Hopfenmenge und -art hängen von der Biersorte ab, ganz grundsätzlich unterscheidet man aber zwei unterschiedliche Arten von Hopfen. Der Bitterhopfen sorgt – nomen est omen – für herbe Noten. Aromahopfen dagegen enthalten eine Vielzahl von ätherischen Ölen, die dem Bier besondere Geschmäcker verleihen, sie kommen heutzutage in unterschiedlichen Kombinationen zum Einsatz.

Hefe

In der Geschichte des Biers wurde die Hefe lange Zeit eher stiefmütterlich behandelt. Im deutschen Reinheitsgebot aus dem 16. Jahrhundert findet sie noch keine Erwähnung, obwohl man damals schon gewusst haben dürfte, dass sie für das Brauen unablässig ist. Denn die Hefe, die zu den einzelligen Pilzen gehört, vervollständigt das Bier, indem sie die Gärung einleitet – der in der Würze enthaltene Zucker wird mit ihrer Hilfe zu Alkohol und Kohlensäure fermentiert.

Das dauert, abhängig von der Art der Hefe, einige Tage, danach wird die Hefe dem Bier wieder entnommen.
Die wichtigste Unterscheidung beim Brauen ist die in unter- und obergärige Hefestämme. Untergärige Hefe mag es kühl bei einer Temperatur von etwa 8 bis maximal 12 °C. Nach getaner Arbeit setzte sie sich am Boden des Gärtanks ab und hat dort helle Biere wie Pils, Märzen und Lager vollendet. Obergärige Hefe fühlt sich bei mindestens 15 °C am wohlsten und gibt zum Beispiel Weizenbieren den typischen Charakter. Während der Gärung entstehen Teppiche aus zusammenhängenden Hefezellen, die dann von der eigenen Gärungskohlensäure nach oben getrieben werden – daher der Name Obergärung.

Wasser

Bei Wasser handelt es sich um die landläufig am meisten unterschätzte Zutat im Bier. Zu Unrecht, besteht Bier doch zu rund 90 Prozent daraus. Zudem spielt es in fast jedem Schritt des Brauvorgangs eine tragende Rolle. Es sorgt zunächst für das Aufkeimen der Getreidekörner und hilft so dabei, die Grundlage des Bieres, das Malz, zu produzieren. Später werden Malz und Hopfen in Wasser aufgekocht, damit sich die Geschmäcker und Aromen optimal verbinden. Und dann wird erneut Wasser zugesetzt, damit die Hefe ihre Arbeit verrichten kann.

Doch auch das Wasser selbst hat einen wesentlichen Einfluss auf den Geschmack und die Farbe des fertigen Produkts. Hartes Wasser enthält mehr Salze und Mineralstoffe, es färbt das Bier dunkler und betont die Bitterkeit des Hopfens. In manchen Sorten, in denen dieser Effekt erwünscht ist, wird ein hoher Mineralgehalt des Wassers deshalb beibehalten. Für leichtere und hellere Biere wie Pils wird das Wasser auf physikalischem Weg von einem Teil der Mineralstoffe befreit und dann in weicherer Form weiterverarbeitet. Die meisten Brauereien arbeiten heute mit ihren eigenen Quellen und stimmen das verwendete Wasser ganz genau auf die jeweilige Biersorte ab.

Die Bierwerdung

Bierbrauen ist eine Kunst, die jahrhundertealten Traditionen folgt. Obwohl sich durch technische Neuerungen und wissenschaftliche Erkenntnisse ein paar Feinheiten des Brauvorgangs verändert und vor allem weiterentwickelt haben, sind die Grundsätze doch unverändert geblieben.

Am Anfang steht das Korn. In der Mälzerei wird das Getreide zunächst sorgfältig gewaschen, bevor es dann ein langes Bad nehmen darf. Die Körner werden in Wasser eingeweicht und so zum Keimen gebracht. Das dauert einige Tage. Die austreibenden Körner werden dabei immer wieder gewendet, bis sie schließlich zum Trocknen in der soge-

nannten Darre landen. Dort wird das Grünmalz – also die aufgekeimten Körner – vorsichtig getrocknet und geröstet. Grad, Feuchte und Trocknungsdauer bestimmen später den Geschmack und die Farbe des Bieres.

Das Malz wird nun geschrotet und ist bereit für den Beginn des Brauvorgangs. In der Maischepfanne wird das Malzschrot eingemaischt, also mit Wasser vermischt, und langsam in Stufen auf bis zu 78 Grad erwärmt, die im Malz enthaltene Stärke wandelt sich dabei, durch bei der Keimung gebildete Enzyme, in Zucker um. Das Verhältnis von Wasser und Malz ist entscheidend für die Stärke des Bieres – je mehr Malz verwendet wird, desto höher ist später die sogenannte Stammwürze.

Dann wird geläutert. Dabei trennen sich feste und flüssige Bestandteile, der Treber, also die unlöslichen Rückstände, setzen sich am Boden ab, die gefilterte Flüssigkeit – die Würze – landet in der Sudpfanne. Hier kommt der Hopfen ins Spiel und wird gemeinsam mit der Würze aufgekocht. Dabei lösen sich nicht nur die Bitterstoffe des Hopfens, der Sud wird durch die hohen Temperaturen auch keimfrei. Das Ge-

misch befindet sich unter ständiger Beobachtung – der Braumeister kann nun ganz genau einstellen, wie konzentriert die Würze eingekocht wird. Weil in ihr noch feste Bestandteile schwimmen – hauptsächlich unlösliche Hopfenpartikel und ausgefallenes Eiweiß – wird sie nun gefiltert, indem im sogenannten Whirlpool kräftig gerührt wird. Dabei setzen sich die ungelösten Stoffe kegelförmig am Boden ab.

Nun wird die Würze stark abgekühlt, abhängig von der später verwendeten Hefesorte auf etwa 8 bis 20 °C, und kommt in den Gärtank oder Gärbottich, wo die nächste Hauptdarstellerin ihren Auftritt hat. Die Hefe leitet die Gärung ein, der Malzzucker wird gespalten und in Alkohol und Kohlensäure umgewandelt. Das dauert, je nach Biersorte, etwa eine Woche, dann ist das Jungbier fertig.

Bevor es aber getrunken werden kann, darf es noch eine Weile rasten. Im gasdicht verschlossenen Lagertank, der ein Entweichen der Kohlensäure verhindert, gärt das Bier nun nach, und letzte feste Bestandteile setzen sich am Boden des Tanks ab. Dieser Vorgang erfordert Geduld – Bockbier lagert gut ein halbes Jahr, bevor es abgefüllt wird, Pils und Märzen brauchen etwa vier Wochen Ruhe.

Und dann ist es so weit und das Bier tritt, abgefüllt in Flaschen, Dosen oder Fässer, seine Reise in Supermärkte und Gaststätten an, wo es schon ungeduldig von durstigen Kehlen erwartet wird.

Das kleine Bier-Alphabet

Alkohol

Der Alkoholgehalt von Bier hängt von der Zusammensetzung und dem Zuckergehalt der Stammwürze ab. Je mehr Malz die Stammwürze enthält, desto mehr Zucker kann von der später zugesetzten Hefe gespalten und in Alkohol umgewandelt werden. Die gängigen Biersorten enthalten etwa 5 Prozent Alkohol, Bockbiere erreichen einen Alkoholgehalt von 6 bis zu 11 Prozent.

Das laut *Guinness-Buch der Rekorde* stärkste Bier der Welt stammt aus Schottland, hat 67,5 Prozent Alkohol und heißt *Snake Venom*, also Schlangengift. Am anderen Ende der Skala stehen die alkoholfreien Biere, denn auch in ihnen befindet sich noch ein Rest Alkohol – maximal 0,5 Prozent dürfen es sein. Wie genau die Braumeister ihrem Bier den Alkohol entziehen, ohne den Geschmack zu beeinträchtigen, verraten sie nur ungern. Grundsätzlich gibt es aber zwei Methoden: Entweder wird der Gärvorgang spätestens dann abgebrochen, wenn 0,5 Volumsprozent erreicht sind. Oder der

Alkohol wird dem fertigen Bier entzogen, indem dieses durch eine feine Membran gepresst wird, in der Alkohol und Wasser zurückbleiben. Stattdessen wird dann so lange reines Wasser beigemischt, bis der Alkoholgehalt 0,5 Prozent oder weniger beträgt.

Bjórdagurinn

Der isländische Feiertag (übersetzt: Tag des Bieres) am 1. März ist ein ganz besonderer Tag. Er erinnert nämlich an ein wahrlich dunkles Kapitel in der Geschichte des Inselstaates, zumindest für Bierliebhaber. Nach einem Referendum trat mit 1. Januar 1915 in Island landesweit ein strenges Alkoholverbot in Kraft. Die Prohibition führte allerdings bald zu Problemen mit Handelspartnern. Spanien etwa weigerte sich, isländischen Fisch zu importieren, solange Island nicht im Gegenzug spanischen Wein einkaufte. So wurde das Verbot nach und nach gelockert und 1935 für alle alkoholischen Getränke aufgehoben – mit Ausnahme von Bier mit mehr als 2,25 Prozent Alkohol. Findige Gastronomen wussten sich zu helfen, indem sie dem erlaubten Leichtbier Hochprozentiges beimischten, auch diese Praxis wurde allerdings in den frühen 80er-Jahren verboten. Bis das Bierverbot endgültig gekippt wurde, dauerte es noch weitere Jahre, erst seit dem 1. März 1989 darf auch im hohen europäischen Norden wieder ganz legal Bier genossen werden.

Codex Alimentarius Austriacus

Was deutschem Bier das ☞ *Reinheitsgebot*, ist österreichischem Bier der Codex Alimentarius Austriacus. Der österreichische Lebensmittelkodex legt in Abschnitt B 13 fest, was in Österreich überhaupt Bier genannt, wie es hergestellt und was ihm zugesetzt werden darf.

Dose

Das erste Dosenbier wurde 1933 in den USA hergestellt und kam zwei Jahre später auf den Markt, es handelte sich um die erste Getränkedose überhaupt, alkoholfreie Getränke wurden erst später in Dosen abgefüllt. Wenige Jahre später wurde die Produktion aufgrund der Metallknappheit im Zweiten Weltkrieg eingestellt und nach Kriegsende wieder aufgenommen. Die ersten Bierdosen hatten noch keinen integrierten Öffnungsring, der Konsument musste die Dose mit einem spitzen Gegenstand – dem sogenannten Kirchenschlüssel – aufstechen.

1962 lief die erste Dose mit Verschluss vom Band, mithilfe einer an der Dose befestigten Lasche wurde ein Loch in die Oberseite gerissen. Da sich das Metallstück aber vollständig von der Dose löste und oft achtlos weggeworfen wurde, mussten sich Bierproduzenten den Vorwurf der Müllproduktion gefallen lassen und begannen, an einer Lösung zu tüfteln. 1977 erfand der Amerikaner Daniel Cudzik dann

den heute bekannten Dosenverschluss, bei dem ein perforiertes Stück der Dose eingedrückt wird, sich aber nicht von der Dose löst.

Rein ökologisch sind Bierdosen problematisch, da sowohl Produktion als auch Entsorgung mit hohem Energieaufwand verbunden sind. Seit der Einführung des Dosenpfands in Deutschland im Jahr 2003 werden dort allerdings immerhin rund 93 Prozent der Dosen recycelt. Dosenbier hat gegenüber Flaschenbier jedoch auch einige Vorteile. Tatsächlich sind Dosen leichter, bruchfest und schützen das Bier vor schädlichen Lichtstrahlen. Ein Geschmacksunterschied ließ sich in Tests und Blindverkostungen bislang nicht nachweisen.

Eisenbahn

Der Bau von Eisenbahnschienen hatte einen nicht unwesentlichen Einfluss auf das Brauwesen. Mit dem Beginn des Eisenbahnzeitalters war es möglich, sowohl Rohstoffe als auch das fertige Produkt wesentlich zeit-, später auch kostenffizienter zu transportierten. Die erste deutsche Eisenbahnstrecke wurde 1835 eröffnet, im Juli 1836 fuhr die erste Eisenbahn auf der neuen Strecke von Nürnberg nach Fürth. Zur Fracht des ersten Zuges auf seiner Jungfernfahrt gehörte – erraten – Bier.

Fass

So unterschiedlich die Geschmäcker sein mögen – in einem Punkt sind sich (fast) alle Bierliebhaber einig: Am besten schmeckt's frisch gezapft.

Erstaunlich ist, dass es dafür keine wissenschaftlichen Belege gibt, denn die Herstellung von Dosen-, Flaschen- und Fassbier ist ident. Weil sie im Gegensatz zu Flaschen nicht lichtdurchlässig sind, sind Fässer in puncto ☞ *Lagerung* aber auf jeden Fall ideal. Lagerte man Bier früher noch in Holzfässern, wurden diese mittlerweile großteils durch Ex-

PILS

emplare aus Stahl oder Aluminium ersetzt. Das hat vor allem hygienische und praktische Gründe, denn obwohl Holzfässer innen mit Pech verkleidet sind, um zu verhindern, dass das Bier ausraucht und schal schmeckt – Holz ist gasdurchlässig – können sich in winzigen Sprüngen und Schlitzen im Holz Bakterien ansiedeln und den Geschmack des Bieres beeinflussen. Die in den meisten Gaststätten eingesetzten Stahlfässer dagegen sind einfacher zu lagern und lassen sich mühelos an moderne Schanksysteme anschließen. Der Punkt in Ästhetik geht zweifellos an die Holzfässer, diese sind nicht nur schön anzuschauen, sie tragen auch zur Unterhaltung bei. Das weiß jeder, der schon einmal einem Bieranstich beigewohnt hat.

Der Schlüssel zur Geschmacksfrage liegt vermutlich nicht bei den Fässern selbst, sondern bei den Schankanlagen. Diese erlauben heute ein genaues Einstellen der Temperatur, das Bier landet so immer perfekt gekühlt beim Gast. Durch zugesetztes CO_2, das nötig ist, um das Bier aus dem Fass in den Hahn zu drücken, entsteht zudem der Eindruck von besonderer Frische. Und vielleicht trägt auch die Umgebung ihren Teil zum Gesamterlebnis bei, es geht schließlich nichts über ein kaltes Glas frisch gezapftes Bier an einem lauen Sommerabend im Lieblingsgastgarten.

Guinness

Das irische Guinness zählt zu den bekanntesten Marken des Bierstils Stout. Dabei handelt es sich um ein obergäriges Bier mit charakteristisch schwarzer Farbe, malzigem Geschmack und sehr festem, sahnigem Schaum. Die Urform davon, das sogenannte Porter, wurde im 18. Jahrhundert in England entwickelt. Besonders im Bereich der Craft-Biere erleben Stout und Porter heute eine Renaissance, wobei die Grenzen der beiden Sorten mitunter schwer zu trennen sind und oft nur von Kennern deutlich erkannt werden.

Für die Herstellung von Stout kommen verschiedene Röstmalze zum Einsatz, sie geben dem Bier nicht nur die Farbe, sondern auch die komplexen Aromen, zum Beispiel nach Schokolade und Kaffee. Für die herbe Note sorgt neben der Röstbittere der Hopfen, dessen Aufgabe es ist, die Süße des Malzes auszugleichen und dem Guinness so einen bitteren Körper zu verleihen.

Wer heute ein Guinness trinkt, trinkt damit auch einen Schluck seiner Geschichte mit – traditionell wird die Hefe dem fertigen Bier entnommen und ein Teil davon für die nächste Charge wiederverwendet, ähnlich wie bei der Herstellung von Sauerteigbrot.

Beim Schütteln einer geschlossenen Guinness-Dose hört man übrigens das, was für den festen Schaum verantwortlich ist. Jeder Dose wird ein sogenannter Floating Widget zuge-

INNESS
1759

fügt, eine kleine, mit Stickstoff gefüllte Kugel. Diese ist mit einem Loch versehen, dass sich durch den Druckunterschied beim Aufmachen der Dose öffnet und ihren Inhalt freigibt. So soll sichergestellt werden, dass Dosen-Guinness genauso viel cremigen Schaum erzeugt wie Guinness aus dem Fass.

Hopfenstopfen

Dieser Vorgang wird auch Kalthopfung genannt und wird heute meist angewandt, um Spezialbiere und Craft-Biere zu veredeln. Dabei werden dem Jung- oder Lagerbier Aromahopfen zugesetzt, die ihm besondere Geschmacksnoten verleihen.

Der Bitterhopfen wird im Brauvorgang zur Würze gemischt und mit ihr aufgekocht, da die Bitterstoffe sich nur bei Hitze lösen. Aromahopfen dagegen hat weniger Bitterstoffe und punktet stattdessen mit vielfältigen Geschmacksrichtungen, die durch Züchtungen und Kreuzungen immer weiter verfeinert werden. Er kommt erst ganz am Ende, während der Gärung oder Lagerung, ins Bier, weil die wertvollen ätherischen Öle, die die Aromen tragen, sehr wärmeempfindlich sind und sich im Kochvorgang verlieren würden.

Bei normalen Bieren ohne zusätzlichem Aroma kommt das Hopfenstopfen heutzutage nur noch selten zum Einsatz, wenn diese eine besonders bittere Note oder lange Haltbarkeit verlangen (☞ *IPA*).

GREENE KING
IPA

IPA

Spätestens seit dem Boom der Craft-Biere in den vergangenen Jahren ist IPA in aller Munde. Die Abkürzung steht für India Pale Ale und bezeichnet ein Bier, um dessen Entstehungsgeschichte sich hartnäckige Mythen ranken. Der bekannteste besagt, dass das erste IPA für englische Soldaten in den indischen Kolonien gebraut wurde. Weil der Transportweg lange war und das Gebräu nicht verderben sollte, wurde das Bier besonders hochprozentig und mit viel Hopfen gebraut und sollte vor dem Genuss mit Wasser verdünnt werden. Angeblich tranken es die Briten dann aber doch lieber pur.

Wahrscheinlicher sind allerdings wirtschaftliche Faktoren, die die Beliebtheit des Getränks erklären: Schiffskapitäne auf dem Weg nach Indien durften das Bier auf Kommission transportieren und konnten es dann am Zielort mit hohen Aufschlägen weiterverkaufen.

Sicher ist dagegen, dass Biere, die für einen langen Transport in wärmere Gefilde bestimmt waren, stets mit einem hohen Hopfenanteil gebraut wurden, um sie haltbarer zu machen. So werden IPAs auch heute noch mit viel Hopfen hergestellt, der für den charakteristisch bitteren Geschmack verantwortlich ist. Oft werden den Jungbieren heute unterschiedliche Sorten von Aromahopfen beigemengt, die den Bieren zusätzliche Geschmacksnoten verleihen. Diesen Vorgang nennt man ☞ *Hopfenstopfen*, er erfolgt bei niedriger Temperatur, damit die empfindlichen Aromen des Hopfens nicht verloren gehen. Das Ergebnis sind kräftige, vergleichsweise bittere Biere mit vielerlei Aromen von Kräutern bis Zitrusfrüchten.

Jahreszeit

In Österreich wird Ende September ein Feiertag begangen, der früher eine ganz eigene Jahreszeit einläutete: Es wird Brausilvester gefeiert.

Vor der Erfindung von Kühlschrank und Kühlgeräten waren die Bierbrauer an die natürlichen Wetterbedingungen gebunden. Und da Bier sowohl in der Produktion als auch in der Lagerung Kühlung braucht, um nicht zu verderben, konnte man vor den Zeiten der elektrischen Kühlung nur in den kalten Monaten brauen. Gelagert wurde das Bier dann zwar das ganze Jahr über, dem Vernehmen nach aber durchaus mit Abstrichen bezüglich der Qualität. Ab dem Michaelitag, dem 29. September, nahmen die Brauereien ihre Arbeit traditionell wieder auf und verbrauten die frischen Ernten von Hopfen und Getreide. Damit war das neue Bierjahr da, es dauerte bis zum Georgitag am 23. April des Folgejahres.

Heute wird zwar ohne Unterbrechung gebraut, viele Brauereien begehen den Festtag aber noch immer, Bierfreunde sollten ihn sich also im Kalender markieren.

Karriere

Brauer, die Schöpfer des Bieres, sind, streng genommen, Lebensmitteltechniker. Die genaue Berufsbezeichnung lautet in Deutschland Brauer und Mälzer, in Österreich ist man nach abgeschlossener, dreijähriger Lehrzeit Bier- und Getränketechniker. In Deutschland gibt es inzwischen mehrere Universitäten, die Studiengänge für ausgelernte Brauer anbieten, etwa die Technischen Universitäten in München und Berlin. Auf dem Curriculum finden sich neben organischer und anorganischer Chemie auch Fächer wie Mikrobiologie, Physik und Verfahrenstechnik.

Ein relativ neuer Beruf ist der des Biersommeliers. Diese kommen vor allem in der Gastronomie, dem Fachhandel und im Außendienst von Brauereien zum Einsatz. Sie beraten, wie ihre weinkundigen Kollegen, den Gast oder Kunden dabei, welches Bier am besten zu welchem Gericht passt, erstellen Bierkarten oder helfen die perfekten Gläser und bierigen Rituale zu finden.

Lagerung

Bier ist empfindlich. Es mag keine Wärme und kein Licht, die braune Farbe von Bierflaschen hat also praktische Gründe. Auch Bewegung tut dem Bier nicht gut.

Am besten lagert man es möglichst kühl und dunkel, wobei die Unterscheidung zwischen kühl und kalt nicht ganz un-

wichtig ist. In der Tiefkühltruhe hat Bier nämlich nie etwas verloren. Abgesehen davon, dass die Flasche platzen kann, führt die extreme Kälte zu dauerhaften Eintrübungen und das Aroma geht verloren. Biere mit einem Alkoholgehalt von fünf bis sechs Prozent fühlen sich bei einer Lagerung um 8 °C am wohlsten, Starkbiere entfalten bei etwas höheren Temperaturen (etwa 12 °C) ihr Bukett am besten.
Wichtig ist für alle Sorten: am besten aufrecht lagern. Dann setzt sich die Hefe am Boden der Flasche ab und vermischt sich nicht, wie bei der liegenden Lagerung, wieder mit dem Bier, wenn man die Flasche zur Hand nimmt. Außerdem verlangsamt sich so der Alterungsprozess merklich. Die Haltbarkeit von Bier unterscheidet sich von Sorte zu Sorte stark. Am besten beraten ist man hier, wenn man sich an das auf der Flasche oder Dose aufgedruckte Mindesthaltbarkeitsdatum hält. Grundsätzlich gilt aber: Je stärker das Bier, desto haltbarer ist es. Einige Spezialbiere sind, ähnlich wie Wein, besonders lange über viele Jahre lagerfähig und entwickeln erst nach viel Ruhe ihr volles, reifes Aroma. Diesen Spezialitäten sollte man die Reifezeit gönnen.

Maß/Mass

Wer Maß (oder Mass) sagt, muss auch Oktoberfest sagen. Die beiden Begriffe gehören für Bierfreunde einfach zusammen, und das völlig zurecht. Denn beim traditionellen

Münchner Volksfest wird das Bier in Maßkrügen ausgeschenkt, insgesamt sind es jährlich etwa 60.000 Hektoliter, das entspricht sechs Millionen Maßkrügen. Der gläserne Maßkrug wiegt leer ein Kilo und fasst einen Liter. Im 19. Jahrhundert enthielt ein Maßkrug sogar noch etwas mehr, nämlich genau 1,096 Liter, erst durch das metrische System wurde der Maßkrug zu einer Volumeneinheit von genau einem Liter.

Jedes Jahr werden für das Oktoberfest auch spezielle Maßkrüge aus Ton in limitierter Stückzahl gefertigt, die sich inzwischen zu begehrten Sammlerobjekten entwickelt haben. Die Masse trinkt ihr Bier aber aus Glaskrügen mit den charakteristischen flachen, runden Vertiefungen – den sogenannten Augen.

Maß wird übrigens in Bayern und Schwaben mit kurzem a gesprochen und ist eine Frau – es heißt also *die Mass*. In den meisten anderen Gegenden sagt man dagegen *das Maß* – also mit sächlichem Artikel und langem a.

Name

Die Etymologie des Wortes Bier ist nicht eindeutig geklärt, es gibt unterschiedliche Theorien, wovon genau sich das althochdeutsche *bior* abgeleitet hat. Im Indogermanischen kannte man *bhreu* oder auch *bherw*, aus dem vermutlich das Verb *brauen* entstand. Auch das spätlateinische Wort *biber* (für Getränk) dürfte die deutsche Namensgebung beeinflusst haben.

Im Germanischen wurde Bier auch als *Äl* bezeichnet, was sich heute noch in fremdsprachigen Wortformen zeigt, etwa im englischen *Ale*, dem dänischen *Øl* und dem schwedischen *Öl*.

Ochsengalle

Was tierische Innereien mit Bier zu tun haben, ist eine eher unappetitliche Geschichte. Während in den mittelalterlichen Klöstern hochwertiges und dem Vernehmen nach äußerst wohlschmeckendes Bier ausgeschenkt wurde, war das Bier in den städtischen Brauereien meist von minderer Qualität. Damit sich ihr Bier trotzdem verkaufte, experimentierten viele Wirte mit Zusätzen und unterschiedlichen Geschmacksrichtungen. Die Bandbreite ging dabei von eher Harmlosem wie Rosmarin oder Kümmel, die dem Bier mehr Aroma geben sollten, über Kreide und Ruß, mit denen man die Farbe beeinflussen wollte, bis zu äußerst Fragwürdigem wie eben Ochsengalle. Sie galt als Bitterstoff-Ersatz für den teuren Hopfen. Mit anderen Zutaten versuchte man gezielt, die berauschende Wirkung zu verstärken, dazu mischte man etwa halluzinogene Pilze oder toxische Pflanzen wie Stechapfel ins Bier. Hin und wieder führte der Genuss dieser Biere auch zu Todesfällen. Herzog Wilhelm IV von Bayern schob dem schließlich einen Riegel vor und erließ das ☞ *Reinheitsgebot*.

Prost

Das Anstoßen oder Zuprosten gehört in vielen Ländern zu den Grundlagen der Gesellschaftsetikette. Es handelt sich dabei um einen Brauch, um dessen Herkunft sich viele Geschichten ranken. Eine davon hat ihren Ursprung im Mittelalter. Weil man Feinde damals oftmals mithilfe von Gift aus dem Weg zu räumen pflegte, versicherte man sich der Genießbarkeit des eigenen Getränks angeblich dadurch, dass man die Trinkgefäße vor dem ersten Schluck möglichst fest zusammenstieß, damit die Inhalte der Gläser ineinander schwappten. Auf diese Weise wollte man sichergehen,

0,5ℓ
0,5ℓ

dass auch das Gegenüber das dargebotene Getränk ohne Zögern konsumieren würde.
Eine andere Theorie besagt, dass das Klirren der Gläser beim Anstoßen böse Geister und Dämonen vertreiben sollte.
Etymologisch stammen *Prost* und *Prosit* aus dem Lateinischen – es handelt sich um den Konjunktiv in der dritten Person des Verbs *prodesse* für nützen. Prosit bedeutet also »Es möge nützen«. So erklärt sich auch der ebenfalls verbreitete Ausspruch »Gesundheit!« beim Anstoßen. Es geht in beiden Fällen darum, dem Gegenüber Gutes zu wünschen. Und um zu zeigen, dass man es auch wirklich ehrlich meint, hat sich die Regel etabliert, während des Anstoßens Augenkontakt zu halten.

Quantität

In den Statistiken liefern sich österreichische und deutsche Biertrinker im europäischen Vergleich Jahr für Jahr ein Kopf-an-Kopf-Rennen. Im Jahr 2017 hatte Österreich die Nase vorn. Hier wurden etwa 9,5 Millionen Hektoliter Bier getrunken – oder auch 106 Liter pro Einwohner, die deutschen Nachbarn schafften es auf 102 Liter pro Jahr. Es geht dabei aber immer »nur« um den zweiten Platz auf der Rangliste. Denn ganz oben am Treppchen stehen Jahr für Jahr die Tschechen, sowohl europa- als auch weltweit. Hier trank im Jahr 2017 jeder Einwohner stolze 143 Liter Bier. Für die österreichischen Bierbrauer war übrigens 1985 bislang das um-

satzstärkste Jahr, der Pro-Kopf-Verbrauch lag damals bei 111 Litern pro Person.

Reinheitsgebot

Im frühen 16. Jahrhundert gab es im deutschsprachigen Raum unzählige Kloster- und Privatbrauereien. Da die Wirte in den städtischen Brauereien ihr Geschäft ankurbeln wollten, experimentierten sie mit unterschiedlichsten Zutaten und mischten ihrem Gebräu mitunter abenteuerliche oder sogar gesundheitsgefährdende Zusätze (☞ *Ochsengalle*) bei. Herzog Wilhelm IV von Bayern erließ deshalb 1516 ein neues Gesetz: Fortan durften nur noch Wasser, Gerste und Hopfen ins Bier. Hefe war im Mittelalter noch nicht bekannt

und wurde deshalb erst später hinzugefügt. Das Reinheitsgebot, das offiziell eigentlich »Vorläufiges Biergesetz« heißt, gilt in Deutschland bis heute, in Österreich regelt das der Lebensmittelkodex, der ☞ *Codex Alimentarius Austriacus*.

Strohhalm

Da die Babylonier ihr Bier noch nicht filterten, tranken sie es durch Strohhalme, um die festen Rückstände der Biererzeugung – den Treber – nicht mittrinken zu müssen. Das babylonische Bier aus Emmer, Gerste oder einem Gemisch mehrerer Getreidesorten dürfte optisch also nicht besonders attraktiv gewesen sein – es war durch die Treber trüb und schäumte kaum.

Dass Alkohol durch einen Strohhalm getrunken schneller betrunken macht, stimmt übrigens nicht. Es erhöht lediglich die Trinkgeschwindigkeit, Strohhalmtrinker konsumieren deshalb schnell mehrere Gläser und dadurch auch mehr Alkohol. Ob das auch für die Babylonier galt, ist nicht überliefert.

Trinkgefäß

Bierliebhaber haben in den vergangenen Jahren mit den Weintrinkern gleichgezogen und erkannt, dass Glas nicht gleich Glas ist und nicht jedes Bier aus dem Zinn- oder Tonkrug getrunken werden sollte. Biergläser gibt es inzwischen

in verschiedensten Formen und Ausführungen. Doch welches Bier kommt nun in welches Glas?
Die Faustregel lautet: Je heller und feiner das Bier, desto dünnwandiger sollte das Glas sein. Vorgekühlte oder mit Kaltwasser ausgeschwappte Krüge aus Ton, Zinn oder Porzellan halten das Bier zwar länger kühl, sind aber schwer und haben noch einen entscheidenden Nachteil: Man sieht nicht, was man trinkt. Farbe und Schaumkrone können also schwer beurteilt und genossen werden.
Komplexe, vollmundige Biere wie Starkbier werden am besten aus einem Kelch mit großer Öffnung getrunken, da sich hier das Aroma am besten entfalten kann. Weizenbier trinkt man klassisch aus einem hohen, schmalen Weißbierglas, für die Verkostung von Edelbieren eignen sich dünnwandige Kristallgläser. Das klassische Pils kommt in ein Glas mit nicht zu großer Öffnung, sonst zerfließt die Schaumkrone.

Überschwemmung

Zu einer Naturkatastrophe der anderen Art kam es am 17. Oktober 1814 in England. In der Horse Shoe Brewery im Londoner Stadtteil St. Giles barst ein etwa sieben Meter hoher Gärtank voller Bier. Die Flutwelle, die aus dem Tank strömte, riss die Außenmauer der Brauerei und weitere Tanks mit, deren Inhalt sich ebenfalls über die Straßen Londons ergoss. Eine Flutwelle aus etwa eineinhalb Millionen

Litern Bier strömte schließlich durch die umliegenden Gassen, überflutete Keller und brachte mehrere Häuser zum Einsturz. Es kam zu Todesfällen und Verletzten. Wer sich rechtzeitig in Sicherheit hatte bringen können, kehrte bald an den Ort des Geschehens zurück, die Geschichtsbücher erzählen von Hunderten Menschen, die mit Gefäßen aus dem Bierfluss schöpften. Noch Monate später soll man das Bier in den Straßen gerochen haben.

Die Katastrophe führte zu einer entscheidenden Neuerung bei der Lagerung von Bier: Statt Holztanks wurden nun vermehrt Tanks aus robusteren Materialien verwendet. Die Horse Shoe Brewery existierte noch bis 1922.

Vitamine

Bier als gesund zu bezeichnen, mag vielleicht ein bisschen zu viel des Guten sein. Es hat seinen Ruf als Kalorienbombe und Dickmacher aber zu unrecht. Denn wie bei fast allen Nahrungsmitteln gilt auch in diesem Fall: Die Dosis macht's.

In überschaubaren Maßen kann Bier der Gesundheit tatsächlich zuträglich sein. Es enthält Mineralstoffe, Spurenelemente und viele weitere Inhaltsstoffe, die dem Körper Gutes tun. Die enthaltenen B-Vitamine wirken sich positiv auf den Stoffwechsel aus, Eisen gibt Energie, Magnesium hilft beim Muskelaufbau, Zink stärkt das Immunsystem. Dass Bierkonsum dick macht, stimmt so nicht. Der Grund für den berüchtigten Bierbauch liegt woanders: Die Bitterstoffe im Hopfen regen den Appetit an, der enthaltene Alkohol hemmt die Fettverbrennung. Das Problem ist also nicht das Bier selbst, sondern vielmehr das deftige und fettige Essen, das oft dazu genossen wird. Kalorientechnisch hat Bier im Vergleich mit vielen anderen Getränken nämlich die Nase vorn: 100 Milliliter helles Bier mit rund fünf Prozent Alkohol haben etwa 45 Kalorien – das sind nur halb so viel wie dieselbe Menge Rotwein.

Wein

Bier auf Wein, das lass sein, Wein auf Bier, das rat ich dir. Jeder kennt den Spruch, die meisten denken, er beziehe sich auf die Auswirkungen des Genusses der beiden Getränke in unterschiedlicher Reihenfolge auf den Magen. Doch weit gefehlt – in Wahrheit leitet sich der Spruch aus dem Status des Bieres in der Gesellschaft im Römischen Reich ab. Bier galt als Getränk der Armen, Wein dagegen wurde von Herrschern und Mitgliedern der oberen Gesellschaftsschichten getrunken. Wer also erst Bier und dann Wein getrunken hatte, der war in der sozialen Hierarchie am Weg nach oben, wer dagegen erst Wein und dann Bier getrunken hatte, befand sich auf dem absteigenden Ast.

Zapfen

Bierzapfen ist eine kleine Kunst, die nicht jeder Barkeeper und Wirt gleich gut beherrscht. Dabei gibt es ein paar Tricks, wie das perfekte Bier mühelos aus der Schank oder dem ☞ *Fass* kommt.

Wichtig ist zunächst, dass das ☞ *Trinkgefäß* sauber ist und sich keine Rückstände von Spülmittel, Getränke- oder gar Speisereste darin finden. Wer keine Gläserdusche zu Hause hat, wie sie üblicherweise in Schankanlagen zu finden ist, kann das Glas einfach kurz mit kaltem Wasser ausspülen. Dass das perfekt gezapfte Bier sieben Minuten Zeit braucht, ist ein Mythos – in dieser Zeit würde zu viel Kohlensäure entweichen und das Bier schal schmecken lassen. Ein wenig Geduld braucht es dennoch – laut Experten sollte das perfekte Bier innerhalb von rund zwei Minuten nach dem ersten Betätigen des Zapfhahns am Tisch sein. Und so geht's: Das Glas zuerst schräg halten und das Bier bei ganz aufgedrehtem Zapfhahn zügig und flach ins Glas laufen lassen, bis dieses zu etwa zwei Dritteln gefüllt ist. Dann darf das Glas kurz ruhen – nach etwa einer Minute wird vorsichtig nachgezapft. Nach einer weiteren Minute Ruhezeit wird dem Bier durch mehrmaliges kurzes Öffnen des Zapfhahns die perfekte Schaumkrone aus dem Glas gehoben. Der Schaum sollte trocken, feinporig und stabil sein und beim Trinken deutliche Trinkringe an der Glasinnenseite hinterlassen – dann ist er perfekt.

Über den Autor

Jakob Maria Berninger, geboren 1985, ist Germanist und wäre gern Musiker. Wenn er nicht gerade Texte lektoriert, übersetzt oder schreibt, reist er am liebsten um die Welt oder erkundet die heimischen Berge.

MIX
Papier aus verantwortungsvollen Quellen
FSC® C012536
www.fsc.org

 Satz aus der Hoefler Text und The Sans. · Medieninhaber, Verleger und Herausgeber: Red Bull Media House GmbH · Oberst-Lepperdinger-Straße 11–15 · 5071 Wals bei Salzburg, Österreich · Gestaltung und Satz: wir sind artisten · Bilder: Cover: Eisenhut & Mayer · Innenteil: S. 6: getty images/Daniela Simona Temneanu/EyeEm, S. 10: mauritius images/SuperStock, S. 13: mauritius images/Lakeview Images/Alamy, S. 16: mauritius images/imageBROKER/Rosseforp, S. 18: mauritius images/Traplight/Alamy, S. 21: mauritius images/Zoonar GmbH/Alamy, S. 22: mauritius images/Thonig, S. 25: mauritius images/Nigel Cattlin/Alamy, S. 26: mauritius images/Westend61/Sten Schunke, S. 28/29: mauritius images/Westend61/Dirk Kittelberger, S. 33: mauritius images/Science Photo Library/Igor Stevanovic, S. 35: mauritius images/robertharding/Carlo Morucchio, S. 39: mauritius images/age fotostock/Eduardo Grund, S. 40: mauritius images/Newscast Online Limited/Alamy, S. 43: shutterstock/Africa Studio, S. 45: mauritius images/Marc Gilsdorf, S. 47: mauritius images/Wolfgang Filser, S. 50: imago/RelaXimages, S. 52/53, 57: mauritius images/foodcollection, S. 54: imago/STL, S. 58: mauritius images/FALKENSTEINFOTO/Alamy, S. 60: getty images/Instants, S. 63: mauritius images/Jaroslav Kviz

Printed in Austria
ISBN 978-3-7104-0172-5